мактаб - skoro	2
саёҳат - koiri	5
транспорт - transport	8
шаҳар - foto	10
манзара - landschap	14
ресторан - restaurant	17
супермаркет - wenkri	20
ичимликлар - dringi	22
таом - nyan	23
чорвачилик хўжалиги - burugron	27
уй - oso	31
меҳмонхона - foroisi	33
ошхона - botrali	35
ваннахона - was oso	38
болалар хонаси - pikin kamra	42
кийим - krosi	44
идора - kantoro	49
иқтисод - ekonomia	51
касблар - kari	53
асбоблар - wrokosani	56
мусиқа асбоблари - poku sani	57
ҳайвонот боғи - meti dyari	59
спорт ўйинлари - sport	62
машғулот - aktifiteit	63
оила - famiri	67
тана - skin	68
шифохона - ati oso	72
тез ёрдам - nowtu	76
Ер - grontapu	77
соат - oloisi	79
ҳафта - wiki	80
йил - yari	81
шакллар - form	83
ранглар - kloru	84
қарама-қарши маъноли сўзлар - difrenti	85
рақамлар - nomru	88
тиллар - den tongo	90
ким / нима / қандай - suma / sang / fa	91
қаерда - pe	92

Impressum
Verlag: BABADADA GmbH, Nedderfeld 112 , 22529 Hamburg
Geschäftsführer / Verlagsleitung: Harald Hof
Druck: Books on Demand GmbH, In de Tarpen 42, 22848 Norderstedt

Imprint
Publisher: BABADADA GmbH, Nedderfeld 112 , 22529 Hamburg, Germany
Managing Director / Publishing direction: Harald Hof
Print: Books on Demand GmbH, In de Tarpen 42, 22848 Norderstedt, Germany

мактаб
skoro

бўлмоқ prati
доска bord
синф klas
мактаб ховлиси skoro dyari
ўқитувчи leriman
қоғоз papira
ёзмоқ skrifi
ручка pen
иш столи tafra
линейка lati
китоб buku
ўқувчи studenti

осма сумка
skorotas

қаламдон
kisi

қалам
skriftiki

қалам учлагич
srapu

ўчиргич
sisibi

расм албоми
prenki buku

чизмачилик
prenki

бўёқ чўтка
kwasi

бўёқдон
ferfidosu

қайчи
sisei

елим
gomma

машғулот дафтари
skrifbuku

уй иши
skorowroko

рақам
nomru

қўшмоқ
teri

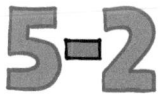

айирмоқ
koti

кўпайтирмоқ
vermenigvuldig

ҳисобламоқ
teri

хат
brifi

алифбо
alfabet

сўз
wortu

мактаб - skoro

матн
awortu

ўқимоқ
lesi

бўр
kreiti

дарс
yuru

журнал
klasbuku

имтиҳон
examen

гувоҳнома
skoropapira

мактаб формаси
sem skoro krosi

таълим
skoro

қомус
encyklopedie

олийгоҳ
unifersiteit

микроскоп
mikroskoop

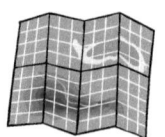
харита
karta

урна
doti embre

мактаб - skoro

саёҳат
koiri

меҳмонхона
hotel

сайёҳлар ётоқхонаси
hostel

пул айирбошлаш шаҳобчаси
kenki kantoro

чемодан
kofru

машина
wagi

тил
tongo

ҳа / йўқ
ai / no

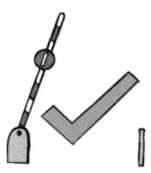

Хўп
afen

салом
Ei!

таржимон
torku

Раҳмат
Grantangi

саёҳат - koiri

неча пул...?
O meni...?

Тушунмадим
Mi ne ferstan

муаммо
problema

Хайрли кеч!
Kuneti!

Хайрли тонг!
Morgu!

Хайрли тун!
Kuneti!

кўришгунча
Adyosi!

йўналиш
beni

йўловчи юки
bagasi

сафархалта
tas

юк халта
tas

меҳмон
fisiti

хона
kamra

уйқуқоп
sribi saka

чодир
tenti

саёхларга маълумот
бериш столи

reiskantoro

пляж

sekanti

омонат карта

kreditkarta

нонушта

mamanten nyanyan

нонушта

nyanyan

кечки овқат

nyanyan

чипта

karta

лифт

lift

марка

stampu

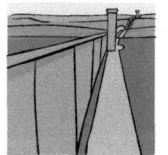

чегара

lanki

божхона

douane

элчихона

ambassade

виза

fisa

паспорт

pasportu

саёҳат - koiri

транспорт
transport

самолет
isrifowru

кема
boto

ўт ўчирувчи машина
brandweerwagi

автобус
bus

юк автомобили
wagi

моторли қайиқ
motro boto

велосипед
baisigri

машина
wagi

солсимон ясси кема

pondo

қайиқ

boto

мотоцикл

motro

посбон машинаси

skowtu wagi

пойга машинаси

streilon wagi

ижарага олинган автоулов

yuru wagi

транспорт - transport

автоижара
wagi prati

шатакка олувчи юк
автомобили
takelwagi

ахлат машинаси
doti wagi

мотор
motro

ёқилғи
oli

ёқилғи қуйиш шаҳобчаси
oli pompu

йўл белгиси
ferkeermarki

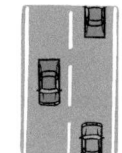

йўл ҳаракати
ferkeer

тирбанд
reylo

автомобил тўхтаб туриш
жойи
parkeerpresi

поезд бекати
lokopresi

рельс
rail

поезд
loko

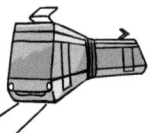

трамвай
loko

вагон
wagi

транспорт - transport

вертолёт
helikopter

аэропорт
opolangi

минора
fortresi

йўловчи
pasasir

контейнер
kontainer

қоғоз қути
doso

аравача
wagi

сават
baskita

учмоқ / қўнмоқ
opo go / saka

шаҳар
foto

қишлоқ
dorpu

шаҳар маркази
fotosei

уй
oso

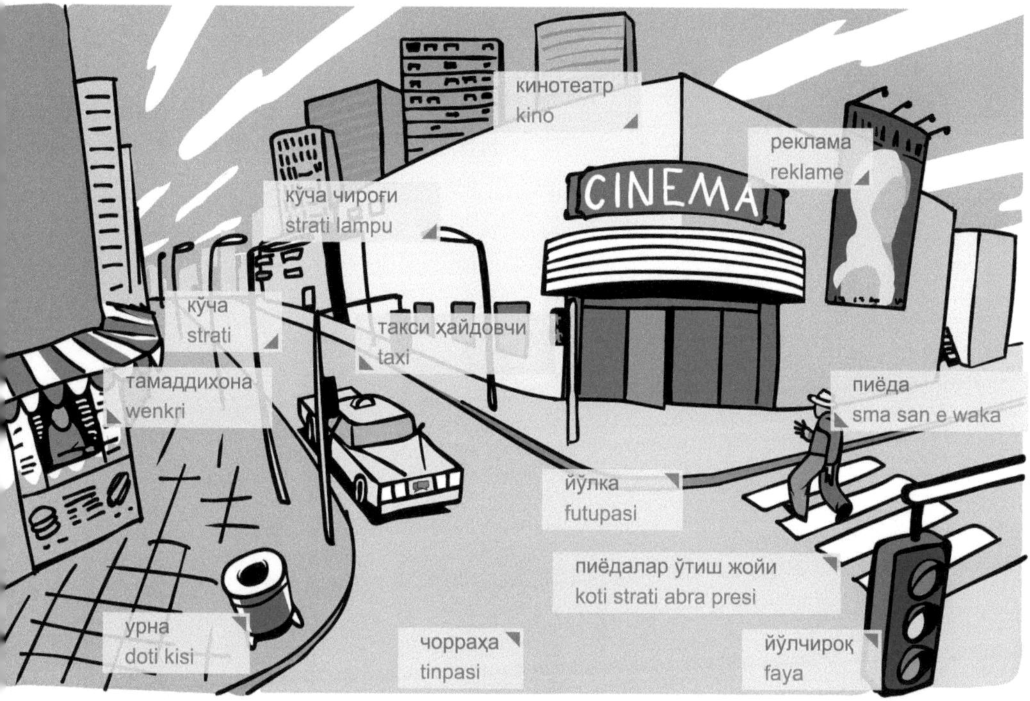

кинотеатр
kino

реклама
reklame

кўча чироғи
strati lampu

кўча
strati

такси ҳайдовчи
taxi

тамаддихона
wenkri

пиёда
sma san e waka

йўлка
futupasi

пиёдалар ўтиш жойи
koti strati abra presi

урна
doti kisi

чорраҳа
tinpasi

йўлчироқ
faya

кулба
kampu

квартира
oso

поезд бекати
lokopresi

маҳаллий ҳокимият биноси
foto oso

музей
museum

мактаб
skoro

шаҳар - foto

 олийгоҳ unifersiteit	 банк bangi	 шифохона ati oso
 меҳмонхона hotel	 дорихона apteiki	 идора kantoro
 китоб дўкони buku winkri	 дўкон wenkri	 гул дўкони bromki winkri
 супермаркет wenkri	 бозор wowoyo	 универмаг wowoyo
 балиқ дўкони fisi seri man	 савдо маркази bigi wenkri	 бандаргоҳ lanpresi

 истироҳат боғи park	 банк bangi	 кўприк broki
 зинапоя trapu	 метро fatyawagi	 ер ости йўли ondrogron-strati
 автобус бекати bushalte	 бар bar	 ресторан restaurant
 почта қутиси brifibus	 кўча ёзув осма тахтаси strati nen marki	 тўхтаб туриш вақтини ҳисоблагич parkeer marki
 ҳайвонот боғи meti dyari	 бассейн swen presi	 масжид gado-oso

шаҳар - foto

чорвачилик хўжалиги
burugron

атроф-муҳит ифлосланиши
doti sani

қабристон
berpe

ибодатхона
kerki

болалар ўйингоҳи
prei presi

эҳром
gado-oso

манзара
landschap

- япроқ — wiwiri
- йўлкўрсатгич — pasi marki
- йўл — pasi
- ўтлоқ — wei
- тош — ston
- дарахт — bon
- пиёда сайёҳ — koiri sma
- дарё — libi
- майса — grasi
- гул — bromki

водий
lagi presi

қир
lebriki

кўл
fisi-olo

ўрмон
busi

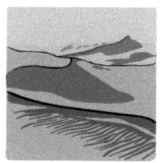
чўл
dreisabana

вулкан
bergi

қалъа
ridder-oso

камалак
alenbo

қўзиқорин
todoprasoro

пальма дарахти
palmbon

пашша
maskita

чивин
freifrei

чумоли
mira

асалари
waswasi

ўргимчак
anansi

манзара - landschap

қўнғиз
asege

қурбақа
todo

олмахон
bonboni

типратикон
agidya

қуён
kon koni

укки
owru kuku

қуш
fowru

оққуш
gansi

эркак чўчқа
werder agu

буғу
dia

бутоқ шоҳли кийик
dia

тўғон
dan

шамол генератори
winti miri

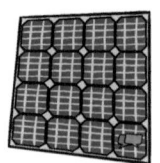

қуёш батареяси
son planga

иқлим
weer

манзара - landschap

ресторан
restaurant

официант
diniman

таомнома
nyankarta

стул
sturu

шўрва
supu

пицца
pissa

ошхона анжомлари
nefi nanga forku

дастурхон
tafra duku

газак
fesi nyanyan

асосий таом
moro prenspari sortu nyan

десерт
switi sani

ичимликлар
dringi

таом
nyan

бутилка
batra

тез пишар таом	кўча таоми	чойнак
fastfood	strati nyanyan	tépatu

шакардон	порция	эспрессо кофе машинаси
sukru patu	krab'patu	espressomasyin

болалар курсичаси	ҳисоб	лаган
pikin sturu	borgu	brakri

пичоқ	санчқи	қошиқ
nefi	forku	spun

чой қошиқ	қўл сочиқ	стакан
téspun	servet	grasi

ресторан - restaurant

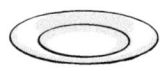

ликоп
preti

шўрва коса
supu preti

тақсимча
skotriki

қайла
sowsu

туздон
sowtupatu

қалампир янчгич
pepre miri

сирка
asin

ёғ
oli

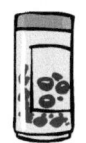 

зираворлар
specerij

кетчуп
ketchup

хантал
mosterd

майонез
mayonaise

ресторан - restaurant

супермаркет
wenkri

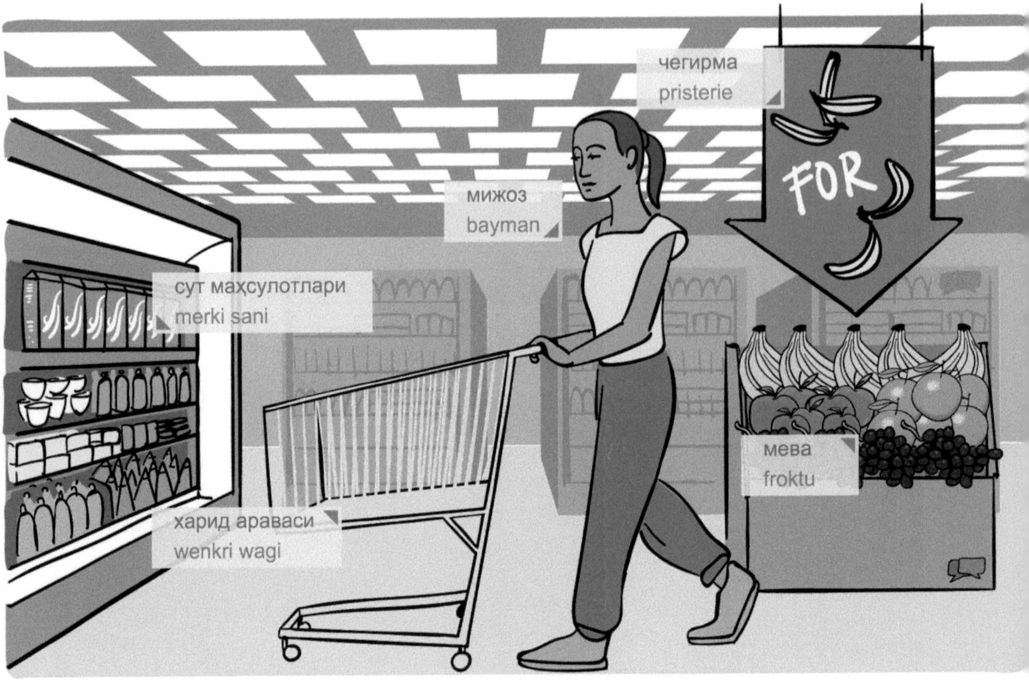

чегирма
pristerie
FOR
мижоз
bayman
сут маҳсулотлари
merki sani
мева
froktu
харид араваси
wenkri wagi

BUTCHERS

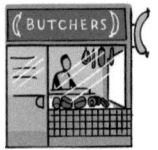

қассобхона

srakti-oso

BAKERY

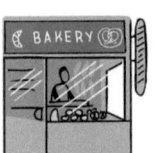

нонвойхона

bakri-oso

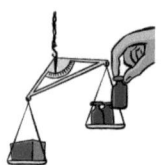

тарозида ўлчамоқ

wegi

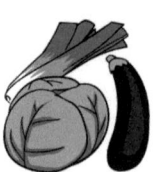

сабзавот

gruntu

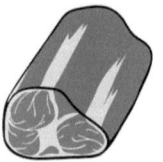

гўшт

meti

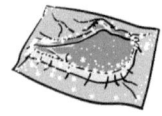

музлатилган таомлар

dijskasi sani

яхна гўшт
kowru meti

консерва
blik nyan

кир ювиш воситаси
wasi sani

ширинликлар
switi sani

кундалик истеъмол моллар
oso sani

ювиш воситалари
sani fu krin

сотувчи
seri sma

касса аппарати
kas

ғазначи
kasman

харид рўйхати
bai marki

иш вақти
opo yuru

ҳамён
portmoni

омонат карта
kreditkarta

халта
tas

целлофан халта
plastik saka

супермаркет - wenkri

ичимликлар
dringi

сув
watra

шарбат
sap

сут
merki

кока-кола
kola

вино
win

пиво
biri

спиртли ичимлик
sopi

какао
skrati

чой
té

кофе
kofi

эспрессо
espresso

капучино
kappuccino

таом
nyan

банан
bakba

олмахон
apra

апельсин
apresina

қовун
watramun

лимон
sitrun

сабзи
rutu

саримсоқ
konofroku

бамбук
bambu

пиёз
aiun

қўзиқорин
todoprasoro

ёнғоқ
noto

лағмон
pasta

спагетти
spaghetti

гуруч
alesi

салат
salade

картошка-фри
patata

қовурилган картошка
baka patata

пицца
pissa

гамбургер
burger

сэндвич
brede

тўқмоқланган тўш қиймаси
schnitsel

дудланган чўчқа гўшти
ameti

салями колбасаси
salami

сосиска
worst

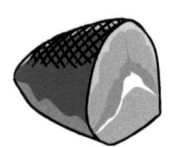

товуқ гўшти
kafowru

қовурилган
bakadina

балиқ
fisi

таом - nyan

сули бўтқаси	мюсли	маккажўхори ёрмаси
hafermout	muesli	karuflakes
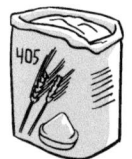		
ун	француз булочкаси	булочка
blon lolo	croissant	brede

нон	қизартирилган нон бўлаги	пиширик
brede	baka brede	buskutu

сариёғ	творог	пирог
botro	kwark	kuku
	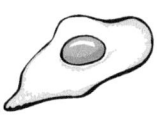	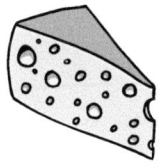
тухум	қовурилган тухум	пишлоқ
eksi	baka eksi	kasi

таом - nyan

музқаймоқ
ice-cream

шакар
sukru

асал
oni

мураббо
jam

шоколад пастаси
sukruskrati pasta

зарчава
kerrie

таом - nyan

чорвачилик хўжалиги
burugron

деҳқон уйи
wroko gron presi

пичанхона
maksin

похол тугуни
grasi bergi

от
asi

дала
gron

тиркама
aanhangwagi

қулун
pikin asi

трактор
traktor

эшак
buriki

қўзи
pikin skapu

қўй
skapu

эчки
krabita

сигир
kaw

бузоқ
pikin kaw

чўчқа
agu

чўчқа боласи
pikin agu

буқа
burkaw

ғоз
gansi

ўрдак
doksi

жўжа
pikin fowru

товуқ
fowru

хўроз
kakafowru

каламуш
alata

мушук
puspusi

сичқон
moismoisi

хўкиз
burkaw

ит
dagu

каталак
dagu pen

ҳовли боғ шланги
tuinslang

гулчелак
watra kan

белўроқ
nefi

темир омоч
pluga

чорвачилик хўжалиги - burugron

қўлўроқ
babun-nefi

чопқи
tyapu

паншаха
forku

болта
beyri

ғалтакарава
kroiwagi

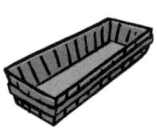

охур
baki

сут бидони
merki kan

тўрва
saka

панжара
skotu

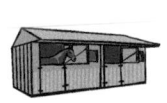

оғилхона
pen

иссиқхона
grun kasi

тупроқ
gron

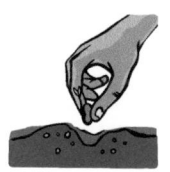

уруғ
siri

ўғит
doti

комбайн
maaidorser

ҳосил олмоқ
koti

йиғим-терим
nyanyan

ямс
yami

буғдой
aleisi

соя
soja

картошка
patata

маккажўхори
karu

рапс уруғи
koro siri

мевали дарахт
froktu bon

маниок
kasaba

ёрма
siri

чорвачилик хўжалиги - burugron

уй
oso

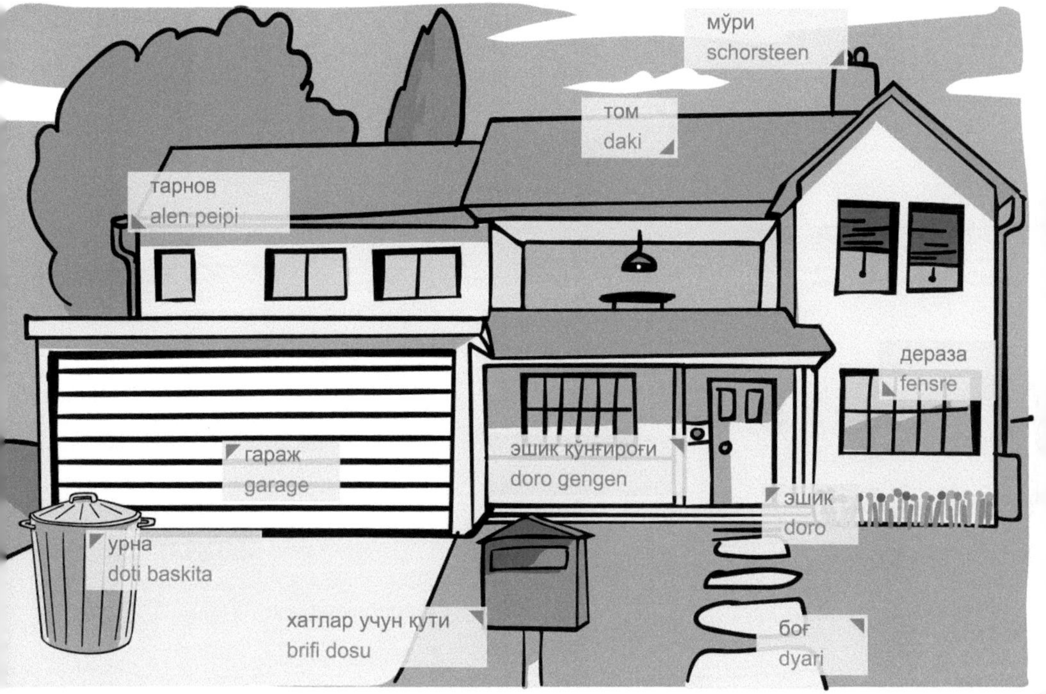

мўри / schorsteen

том / daki

тарнов / alen peipi

дераза / fensre

гараж / garage

эшик қўнғироғи / doro gengen

эшик / doro

урна / doti baskita

хатлар учун қути / brifi dosu

боғ / dyari

меҳмонхона
foroisi

ваннахона
was oso

ошхона
botrali

ётоқхона
sribikamra

болалар хонаси
pikin kamra

ошхона
nyanyan kamra

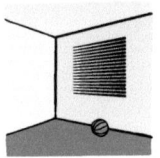 пол / gron	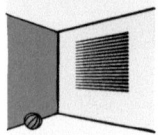 девор / skotu	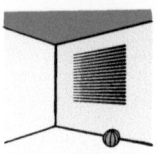 шип / plafon
 подвал / kedre	 сауна / sauna	 болохона айвони / barkon
 айвон / terras	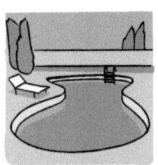 бассейн / swen presi	 ўт ўргич машина / waimasyin
 кўрпажилд / sribikrosi	 чойшаб / sribikrosi	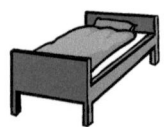 кроват / bedi
 супурги / sisibi	 пақир / embre	 мурват / san fu leti faya

меҳмонхона
foroisi

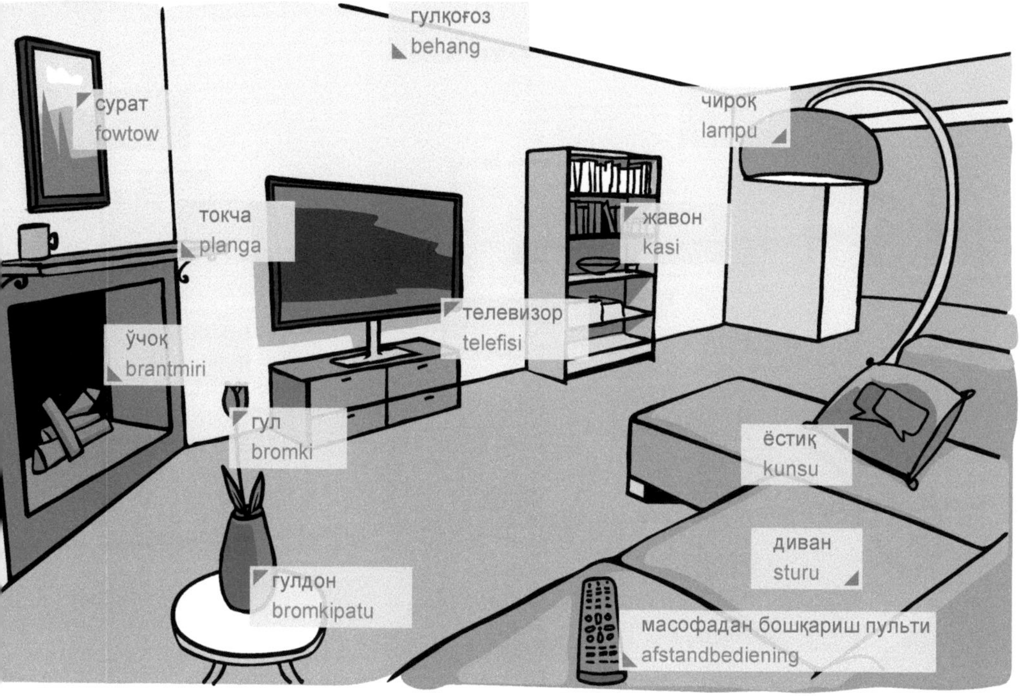

- гулқоғоз — behang
- сурат — fowtow
- чироқ — lampu
- токча — planga
- жавон — kasi
- ўчоқ — brantmiri
- телевизор — telefisi
- гул — bromki
- ёстиқ — kunsu
- гулдон — bromkipatu
- диван — sturu
- масофадан бошқариш пульти — afstandbediening

гилам
matamata

парда
garden

стол
tafra

стул
sturu

тебранма курси
boboisturu

кресло
sturu

 китоб buku	 кўрпа tapun	 ҳашам pranpran
 ўтин udu	 кино kino	 стерео қурилма stereo- installatie
 калит sroto	 рўзнома koranti	 расм skedrei
 плакат poster	 радио konkrudosu	 ён дафтар skrifi buku
 чанг ютгич stofsuiger	 кактус kaktus	 шам kandra

меҳмонхона - foroisi

ошхона
botrali

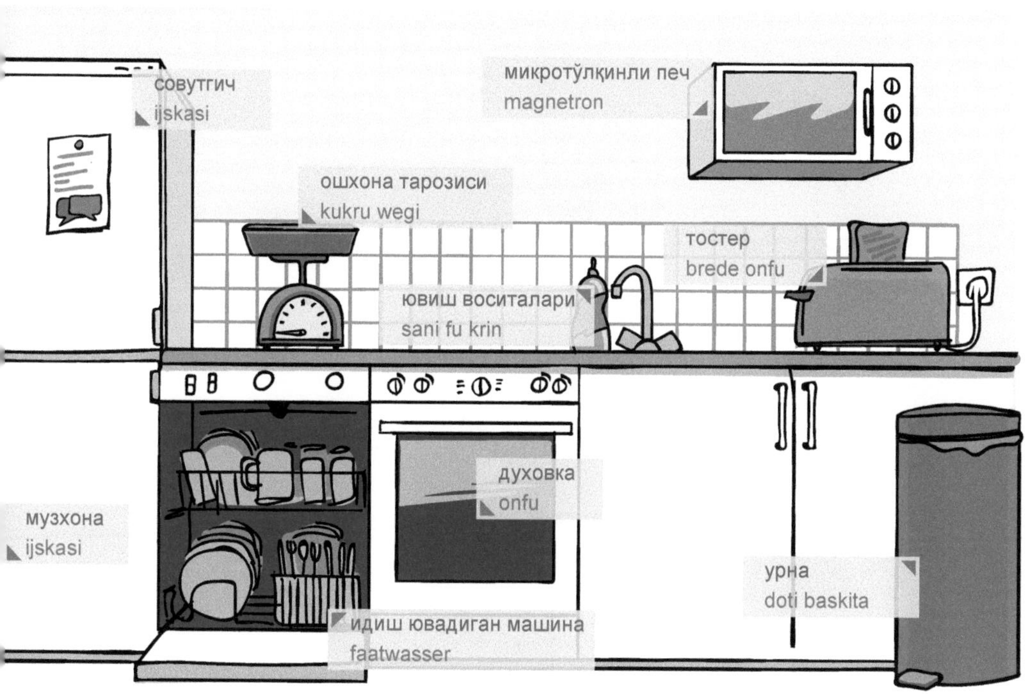

- совутгич — ijskasi
- микротўлқинли печ — magnetron
- ошхона тарозиси — kukru wegi
- тостер — brede onfu
- ювиш воситалари — sani fu krin
- духовка — onfu
- музхона — ijskasi
- урна — doti baskita
- идиш ювадиган машина — faatwasser

плита
onfu

кастрюль
patu

чўян қозон
isri patu

бўртма тубли това
wok / kadai

това
pan

човгун
ketre

ошхона - botrali

 мантиқасқон dampupatu	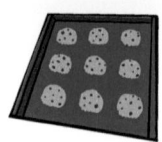 тунука това baka preti	 идиш tafra-sani
 кружка kan	 коса koba	 таом ейиш таёқчалари nyantiki
 чўмич supu spun	 куракча spatel	 кўпиртиргич klutser
 элак fergiet	 элак dorodoro	 қирғич gritigriti
 ҳовонча mortier	гриль barbakoto	 олов faya presi

оштахта
koti planga

жува
blon lolo

пармасимон тиқин очгич
korkutreki

консерва
tromu

консерва очгич
knefi fu opo blik

тутгич
patu duku

унитаз
wasibaki

идиш чўтка
bosro

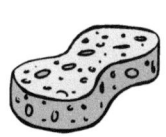

қозонсочиқ
sponsu

қориштиргич
blender

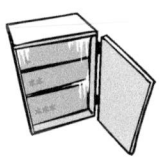

музлатгич
ijskasi

сўрғичли чақалоқ
бутилкаси
beibi batra

кран
kran

ошхона - botrali

ваннахона
was oso

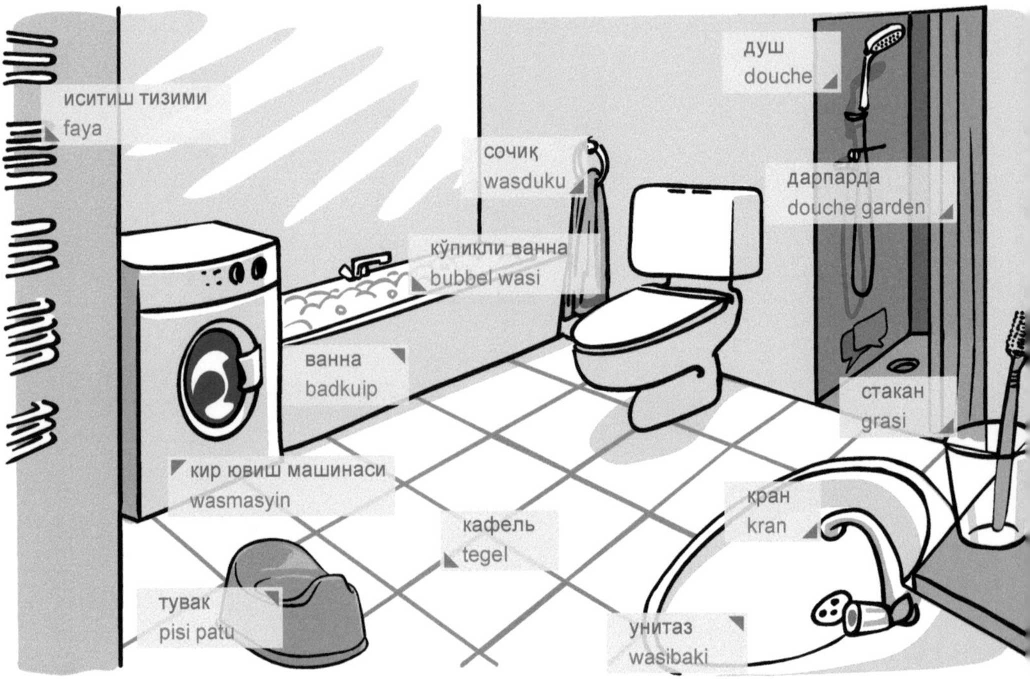

- иситиш тизими / faya
- душ / douche
- сочиқ / wasduku
- дарпарда / douche garden
- кўпикли ванна / bubbel wasi
- ванна / badkuip
- стакан / grasi
- кир ювиш машинаси / wasmasyin
- кран / kran
- кафель / tegel
- тувак / pisi patu
- унитаз / wasibaki

ҳожатхона

kumakoisi

полга ўрнатиладиган унитаз

kumakoisi

таҳоратдон

bidet

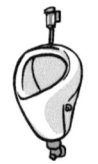

сийдик унитази

pisi presi

ҳожатхона қоғози

kumakoisi papira

ҳожатхона чўткаси

kumakoisi bosro

тиш чўтка
tifi bosro

тиш пастаси
tandpasta

тиш тозалагич ип
floss

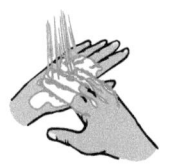

ювмоқ
wasi

дастакли душ
douche

таҳорат учун душ
kumakoisi douche

тоғора
was koba

елка қашлайдиган чўтка
baka bosro

совун
sopo

душ учун гель
douchegel

шампунь
sopo

мочалка
was krosi

қувур
afvoer

крем
krème

дезодарант
okselstik

ваннахона - was oso

кўзгу
spikri

қўл кўзгуси
moimoi fu fesi spikri

устара
sebinefi

устара учун кўпик
sebiskuma

салқинлантирувчи
бальзам
aftershave

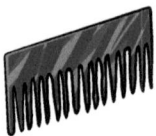
тароқ
kankan

чўтка
bosro

фен
wiri drei masyin

соч учун лак
wirispray

пардоз-андоз
moimoi fu fesi

лаб учун помада
lippenstift

тирноқ лаки
nangra ferfi

пахта
katun

тирноқ қайчиси
nangra sey

духи
switi smeri

ваннахона - was oso

пардоз-андоз халтаси
tas gi krin sani

курси
kroku

тарози
wegi

чўмилиш халати
was dyaki

резина қўлқоп
handschoen fu krin

тампон
tampon

гигиеник таглик
munduku

биоҳожатхона
kumakoisi

ваннахона - was oso

болалар хонаси
pikin kamra

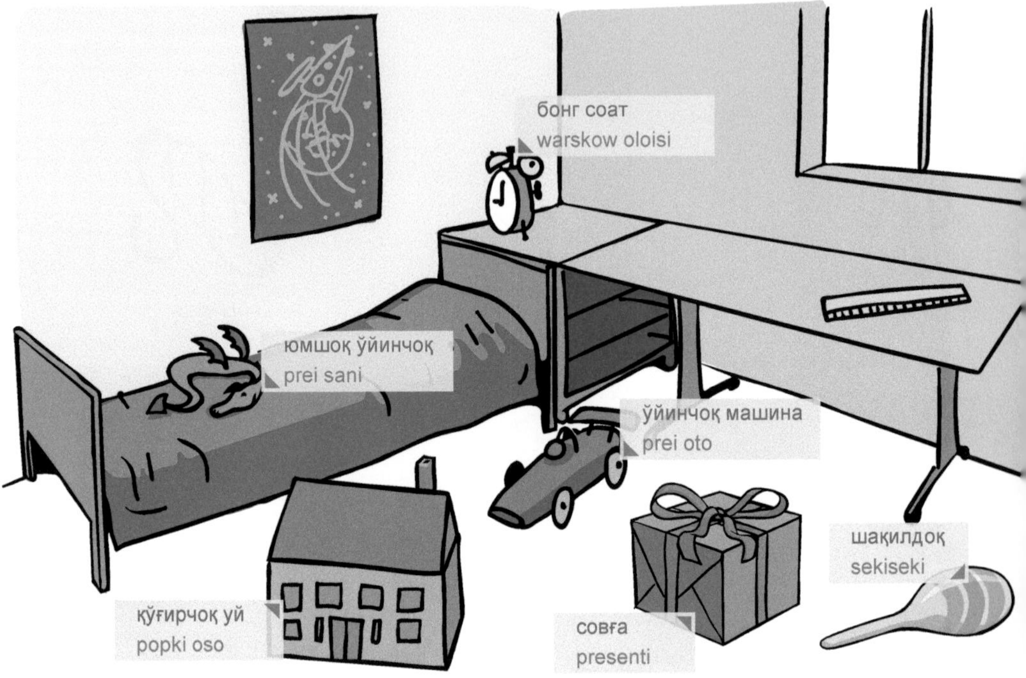

бонг соат
warskow oloisi

юмшоқ ўйинчоқ
prei sani

ўйинчоқ машина
prei oto

қўғирчоқ уй
popki oso

совға
presenti

шақилдоқ
sekiseki

шар
ballon

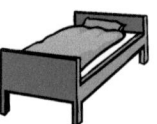

кроват
bedi

болалар аравачаси
beibiwagi

карта тўплами
paki karta

терма тасвир
laytori

кулгили саҳна асари
strip torie

лего ғиштлари

lego ston

ўйинчоқ кубиклар

prei sani

ўйинчоқ қаҳрамон

aktiefiguurtje

ползунка

beibikrosi

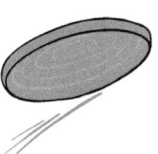

учар ликопча

frisbee

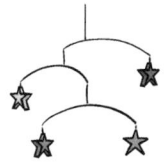

осма шақилдоқ

mobile

стол ўйини

prei tapu bord

ошиқ

prei ston

поезд макети

prei sani loko

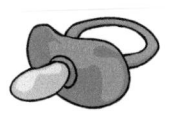

сўрғич

bobimofo

ўтириш

fesa

расмли китоб

prenki buku

копток

bal

қўғирчоқ

popki

ўйнамоқ

prei

болалар хонаси - pikin kamra

қумдон
santi baki

арғимчоқ
boboisturu

ўйинчоқлар
preisani

ўйин приставкаси
prei komputer

уч ғилдиракли велосипед
baysigri

бахмал айиқ
prei sani

кийим шкафи
krosi kasi

кийим
krosi

пайпоқ
kowsu

чулки
kowsu

колготка
kowsu

кийим - krosi

 боди skin	 иштон bruku	 жинси jeansbruku
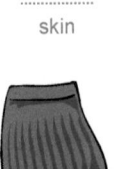 юбка koto	 кофта blus	 кўйлак empi
 жемпер empi	 узун чакмон dyaki	 спорт бичимидаги пиджак djakti
 куртка dyakti	 пальто alendyakti	 плаш alendyakti
 либос paki	 кўйлак yapon	 келин кўйлак trowyapon

кийим - krosi

костюм шим
paki

тунги кўйлак
sribikrosi

пижама
sribikrosi

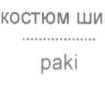

сари
sari

шолрўмол
angisa

салла
tulband

паранжи
burka

чакмон
kaftan

абая
abaya

чўмилиш костюми
swenkrosi

турсик
swenbruku

шортик
syatu bruku

спорт костюми
training paki

фартук
feskoki

қўлқоп
handschoen

кийим - krosi

тугма
knopo

кўзойнак
aygrasi

билагузук
anubuy

мунчоқ
keti

узук
linga

сирға
yesilinga

кепка
ati

пальто илгак
krosi anga

шляпа
ati

бўйинбоғ
tay

замок
rits

дубулға
feti musu

шим тортгич
bretel

мактаб формаси
sem skoro krosi

форма
sem krosi

кийим - krosi

ошхўрак
slabbetje

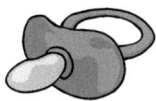

сўрғич
bobimofo

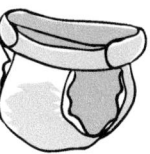

таглик
pisiduku

идора
kantoro

сервер / server

қоғоз-ҳужжатлар шкафи / archief kasi

принтер / printer

экран / monitor

қоғоз / papira

иш столи / tafra

сичқонча / moisi

папка / map

клавиатура / keyboard

урна / doti embre

компьютер / komputer

стул / sturu

кофе кружкаси
kofi kan

калькулятор
kalkulator

интернет
internet

идора - kantoro 49

ноутбук
laptop

хат
brifi

мактуб
boskopu

уяли телефон
konkrutitei

тармоқ
neti

нусха кўчиргич
kopi masyin

дастур
software

телефон
konkrutitei

розетка
stopkontakt

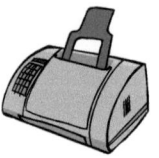

факс
fax masyin

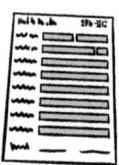

шакллар
formulier

ҳужжат
papira

идора - kantoro

иқтисод
ekonomia

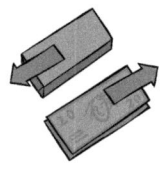
харид қилмоқ
bai

тўламоқ
pai

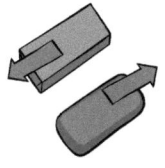
савдолашмоқ
du

пул
moni

доллар
dollar

евро
euro

йен
yen

рубль
rubel

швейцар франки
frank

хэньминьби хитой юани
renminbi yuan

рупи
rupie

банкомат
monimasyin

пул айирбошлаш шаҳобчаси
kenki kantoro

олтин
gowtu

кумуш
solfru

нефт
oli

энергия
krakti

нарх
prijs

шартнома
kontrakti

солиқ
lantimoni

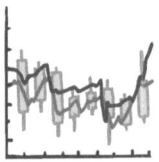

акция
pisi

ишламоқ
wroko

ишчи
wrokoman

иш берувчи
wrokobasi

завод
fabrik

дўкон
wenkri

иқтисод - ekonomia

касблар
kari

полициячи
skowtu

ўт ўчирувчи
brandweerman

ошпаз
boriman

шифокор
datra

учувчи
piloot

боғбон
djariman

дурадгор
temreman

тикувчи
modist

ҳакам
krutubasi

кимёгар
scheikunde sma

актёр
akteur

автобус ҳайдовчиси
sjafeur

такси ҳайдовчи
taximan

балиқчи
fisiman

фаррош
krinsma

том устаси
dakitapu man

официант
diniman

овчи
ontiman

бўёқчи
ferfiman

нонвой
bakriman

электр устаси
elektrikman

қурувчи
bow-wroko man

муҳандис
ensjinoru

қассоб
sraktiman

сувчи чилангар
loodgieter

почтачи
postbode

аскар
srudati

меъмор
architekt

ғазначи
kasman

гулчи
bromkisma

сартарош
seti sma wiri man

чиптачи
kondukteur

механик
monteur

капитан
kapten

тиш шифокори
tifidatra

олим
sabiman

яхудийлар руҳонийси
Dyu domri

имом
Moslim domri

роҳиб
moniki

руҳоний
priester

асбоблар
wrokosani

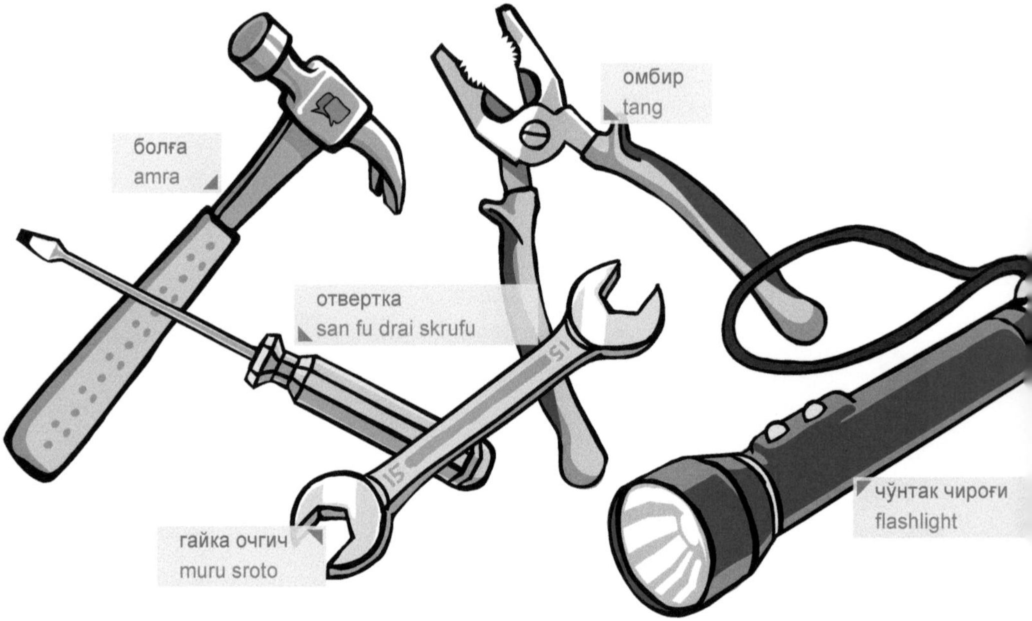

болға
amra

омбир
tang

отвертка
san fu drai skrufu

гайка очгич
muru sroto

чўнтак чироғи
flashlight

экскаватор
dikimasyin

асбоблар қутиси
wrokosani kisi

нарвон
trapu

қўларра
sa

мих
spikri

пармадаста
boro

тузатмоқ
meki

белкурак
skepi

Жин урсин!
Baya!

хокандоз
stofblik

бўёқ идиш
ferfi patu

бурама мих
skrufu

мусиқа асбоблари
poku sani

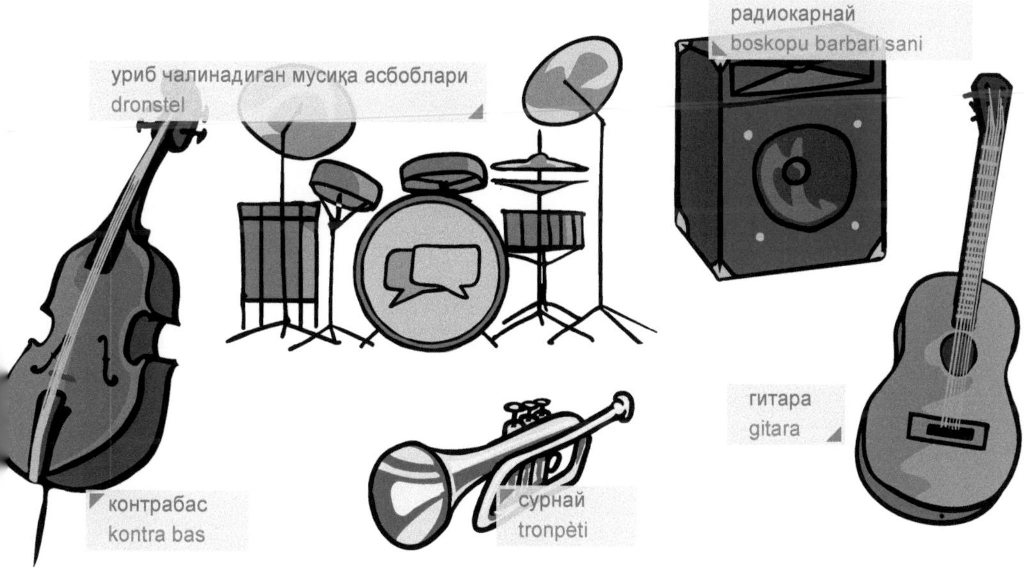

уриб чалинадиган мусиқа асбоблари
dronstel

радиокарнай
boskopu barbari sani

гитара
gitara

контрабас
kontra bas

сурнай
tronpèti

пианино
piano

ғижжак
finyoro

бас-гитара
bas

қўшноғора
pauk

дўмбира
dron

клавиатура
keyboard

саксофон
saxofon

най
froiti

микрофон
mikrofon

мусиқа асбоблари - poku sani

ҳайвонот боғи
meti dyari

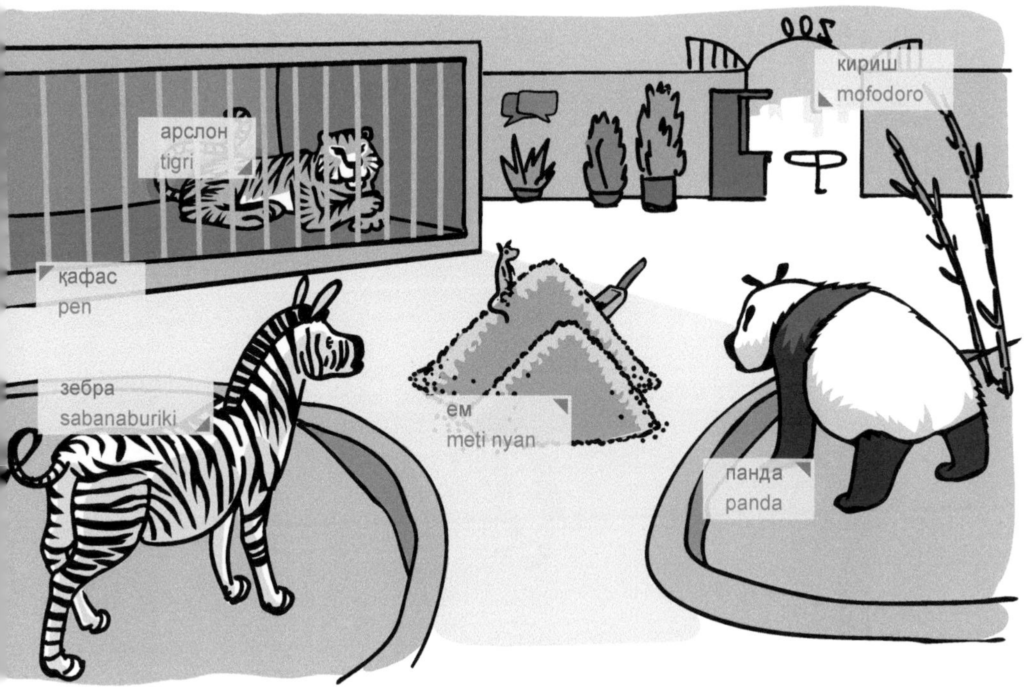

- кириш / mofodoro
- арслон / tigri
- қафас / pen
- зебра / sabanaburiki
- ем / meti nyan
- панда / panda

ҳайвонлар
meti

фил
asaw

кенгуру
kangeru

каркидон
neushoorn

горилла
gorilla

айиқ
beer

туя
kameri

туяқуш
stroisifowru

шер
lew

маймун
monki

фламинго
korikori

тўти
popokai

оқ айиқ
ijsbeer

пингвин
pinguïn

акула
sarki

товус
prodokaka

илон
sneki

тимсоҳ
kaiman

ҳайвонот боғи қоровули
sma san e sorgu meti

тюлень
sedagu

ягуар
penitigri

ҳайвонот боғи - meti dyari

тўпичоқ от pikin asi	қоплон penitigri	бегемот watrabofru

жирафа giraf	бургут aka	эркак чўчқа werder agu

балиқ fisi	тошбақа sekrepatu	морж walrus

тулки sabanadagu	оху dia	

ҳайвонот боғи - meti dyari

спорт ўйинлари
sport

америка футболи
Amerkan futubal

велосипед ҳайдаш
rèi baisigri

теннис
tennis

баскетбол
basketbal

сузиш
swen

бокс
boks

муз хоккейи
ijshockey

футбол
futubal

бадминтон
badminton

енгил атлетика
atletiek

қўлтўпи
anubal

чанғи учиш
skiën

поло
polo

машғулот
aktifiteit

кулмоқ
lafu

сакрамоқ
jompo

қучмоқ
brasa

юрмоқ
waka

куйламоқ
singi

ҳаёл қилмоқ
dren

ибодат қилмоқ
begi

ўпмоқ
bosi

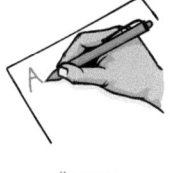

ёзмоқ
skrifi

чизмоқ
hari

кўрсатмоқ
sori

итармоқ
pusu

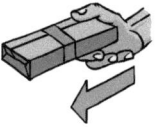

бермоқ
gi

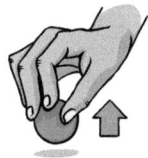

олмоқ
teki

эга бўлмоқ
abi

бажармоқ
dati

бўлмоқ
de

турмоқ
tnapu

югурмоқ
lon

тортмоқ
hari

улоқтирмоқ
trowe

йиқилмоқ
fadon

алдамоқ
lei

кутмоқ
wakti

ташимоқ
tyari

ўтирмоқ
sidon

кийинмоқ
weri

ухламоқ
sribi

уйғонмоқ
wiki

машғулот - aktifiteit

 қарамоқ luku	 йиғламоқ krei	 зарба бермоқ korikori
 тарамоқ kan	 гаплашмоқ taki	 тушунмоқ ferstan
 сўрамоқ aksi	 тингламоқ arki	 ичмоқ dringi
 емоқ nyanyan	 йиғиштирмоқ krin	 севмоқ lobi
 пиширмоқ bori	 ҳайдамоқ rei	 учмоқ frei

машғулот - aktifiteit

кемада сузмоқ
seiri

ҳисобламоқ
teri

ўқимоқ
lesi

ўрганмоқ
leri

ишламоқ
wroko

турмуш қурмоқ
trow

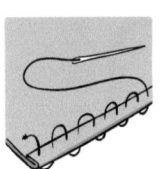
тикмоқ
nai

тиш ювмоқ
krintifi

ўлдирмоқ
kiri

чекмоқ
smoko

йўлламоқ
seni

машғулот - aktifiteit

оила
famiri

буви / granmama
бува / granpapa
ота / papa
она / mama
чақалоқ / beibi
қиз / umapikin
ўғил / manpikin

меҳмон
fisiti

амма
tanta

тоға
omu

ака
brada

опа
sisa

тана
skin

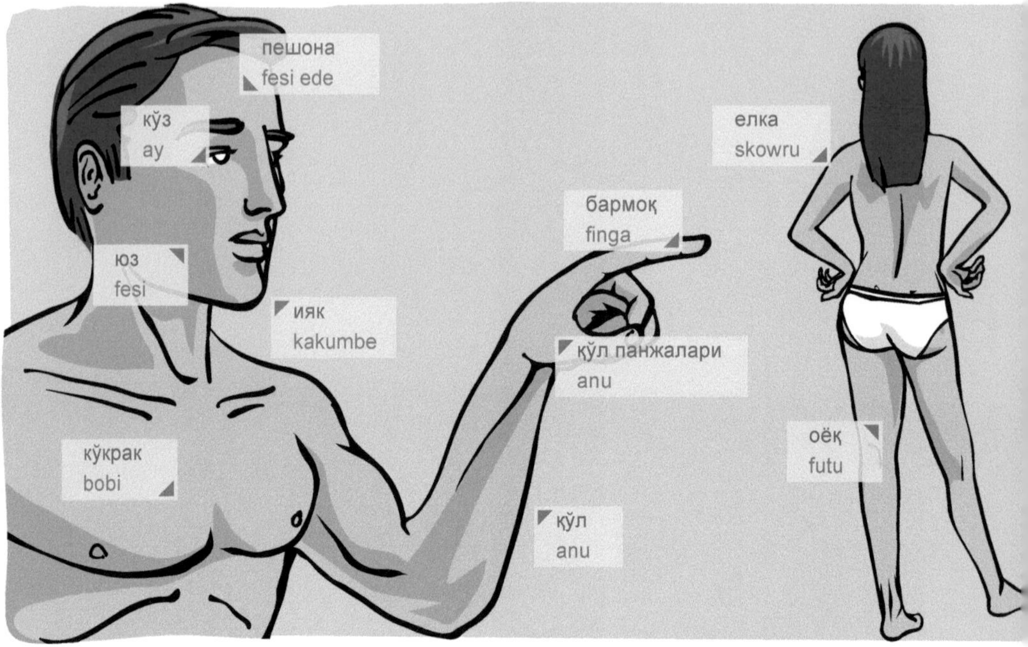

пешона
fesi ede

кўз
ay

елка
skowru

бармоқ
finga

юз
fesi

ияк
kakumbe

қўл панжалари
anu

кўкрак
bobi

оёқ
futu

қўл
anu

чақалоқ

beibi

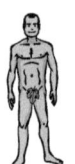

одам

man

аёл

uma

қиз бола

uma pikin

ўғил бола

boi

бош

ede

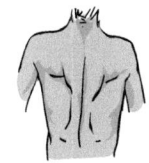

орқа
baka

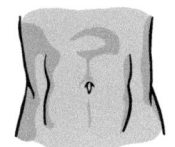

қорин
bere

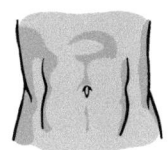

киндик
kumba

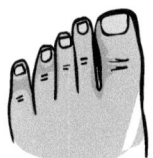

оёқ панжаси
futufinga

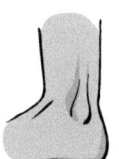

товон
bakafutu

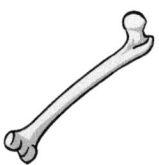

суяк
bonyo

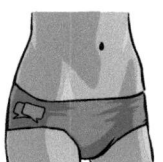

бел
djonku

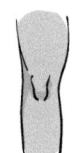

тизза
kindi

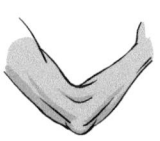

тирсак
baka anu

бурун
noso

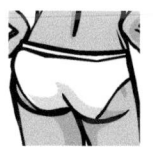

думба
bakasei

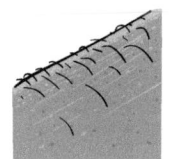

тери
skin

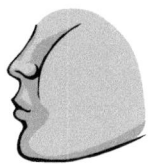

яноқ
seifesi

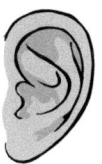

қулоқ
yesi

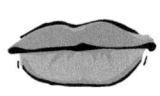

лаб
mofobuba

тана - skin

оғиз
mofo

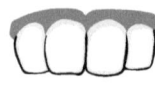
тиш
tifi

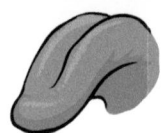
тил
tongo

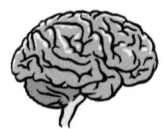
мия
ede tonton

юрак
ati

мушак
titei

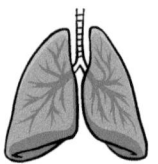
ўпка
fokofoko

жигар
lefre

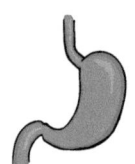
ошқозон
bere

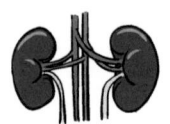
буйрак
niri

жинсий алоқа
freiri

презерватив
pipikowsu

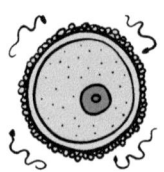
тухум ҳўжайра
eksi

уруғ
siri

ҳомиладорлик
bere

тана - skin

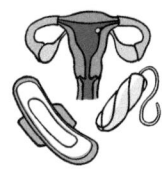
ҳайз
munsiki

бачадон
umapresi

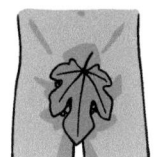
олат
toli

қош
atapu-ay-wiwiri

соч
wiwiri

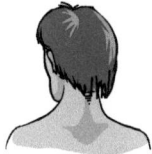
бўйин
neki

тана - skin

шифохона
ati oso

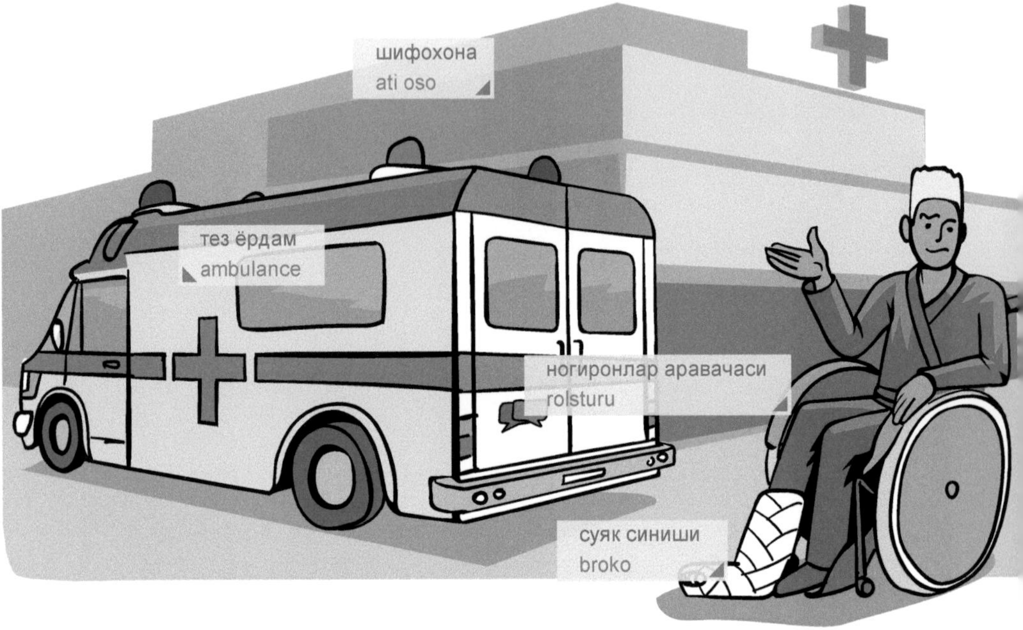

шифохона
ati oso

тез ёрдам
ambulance

ногиронлар аравачаси
rolsturu

суяк синиши
broko

шифокор
datra

Шошилинч тиббий ёрдам
кўрсатиш бўлими
EHBO

ҳамшира
suster

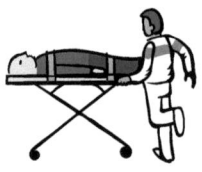

тез ёрдам
nowtu

ҳушсизлик
flaw

оғриқ
pen

жароҳат
soro

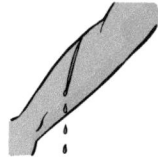
қонаш
brudu

юрак хуружи
ati siki

инсульт
bururtu

аллергия
trefu

йўтал
koso

иситма
kortsu

тумов
griep

ич кетиш
lusu bere

бош оғриғи
ede-ati

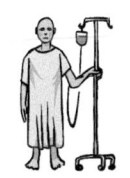
саратон касали
takrusiki

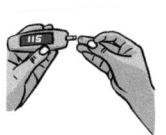
қандли диабет
sukru

жарроҳ
chirurg

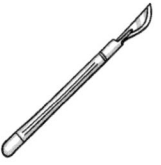
жарроҳ пичоғи
skalpel

жарроҳлик амалиёти
operâsi

шифохона - ati oso

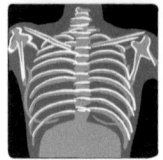
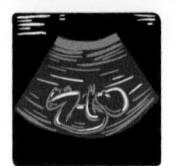

томография — CT

рентген — röntgen

ултратовуш текшируви — echo

юз ниқоби — fesi maskradu

касаллик — siki

қабулхона — wakti kamra

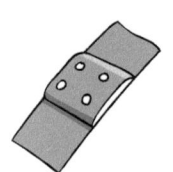

қўлтиқтаёқ — kroku

малҳамли пластир — duku

бинт — duku

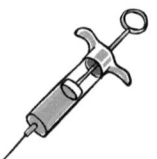
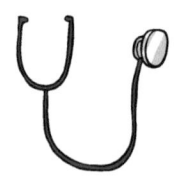
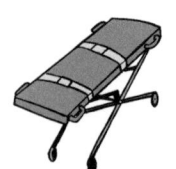

укол — spoiti

юрак урушини ва ўпкани эшитиб кўрадиган асбоб — stethoskoop

беморлар учун замбил — brandkard

термометр — temperatuur marki

туғруқ — gebore

семизлик — fatu

шифохона - ati oso

эшитиш мосламаси
masyin fu yere

дезинфекцияловчи восита
sani fu krin

инфекция
dyomposiki

вирус
firus

ОИВ / ОИТС
HIV / AIDS

дори
dresi

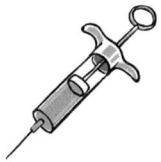
эмлаш
faksinasi

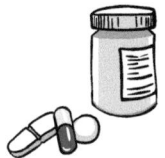
таблетка
perki

дори
perki

тез ёрдам қўнғироғи
nowtu nomru

қон босимини ўлчаш асбоби
brudu marki

касал / соғлом
siki / gesontu

шифохона - ati oso

тез ёрдам
nowtu

Ёрдам беринглар!
Yepi!

хавф-хатар ишораси
warskow

тажовуз
feti

ҳужум
feti

хавф
ogri

фавқулодда ҳолатларда чиқиш эшиги
a nowtu doro

Ёнғин!
Faya!

ўт ўчиргич
fayakiri sani

фалокат
mankeri

биринчи тиббий ёрдам тўплами
ЕНВО-kofru

фалокат сигнали
SOS

полиция
skowtu

Ер
grontapu

Европа

Bakrakondre

Шимолий Америка

Opo-Amerkan

Жанубий Америка

Suid-Amerkan

Африка

Afrika

Осиё

Asi

Австралия

Australia

Атлантик океани

Atlantis Se

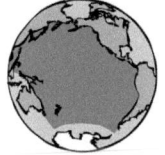

Тинч океани

Tan tiri Se

Ҳинд океани

Indisch Se

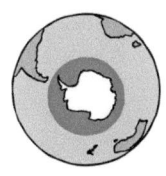

Антарктида океани

Suidsei Se

Арктика океани

Noordsei Se

Шимолий қутб

Noordsei

Жанубий кутб	Антарктика	Ер
Suidsei	Antartika	grontapu

ўлка	денгиз	орол
kondre	se	eilanti
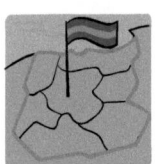	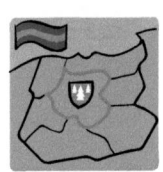	
миллат	давлат	
nâsi	lanti	

соат
oloisi

астрономик вақт кўрсатгичи
oloisi fesi

соат мили
yuru sori

дақиқа мили
miniti sori

сония мили
sekonde sori

Соат неча?
O lati a de?

кун
dey

вақт
ten

ҳозир
now

рақамли соат
oloisi

дақиқа
miniti

соат
yuru

хафта
wiki

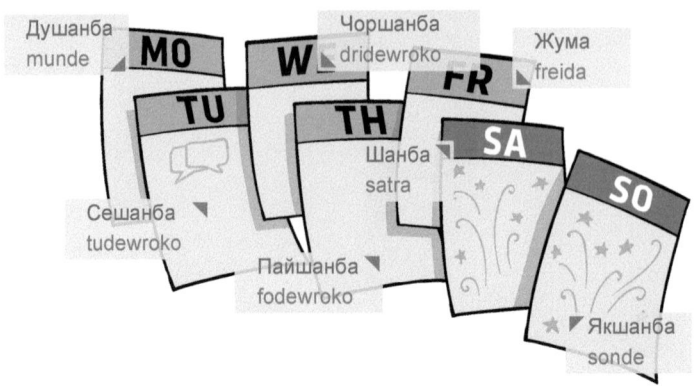

Душанба
munde

Чоршанба
dridewroko

Жума
freida

Сешанба
tudewroko

Пайшанба
fodewroko

Шанба
satra

Якшанба
sonde

кеча
esde

бугун
tide

эртага
tamara

эрталаб
mamanten

пешин
bakadina

кечкурун
neti

иш кунлари
den wrokodei

дам олиш кунлари
weekend

йил

yari

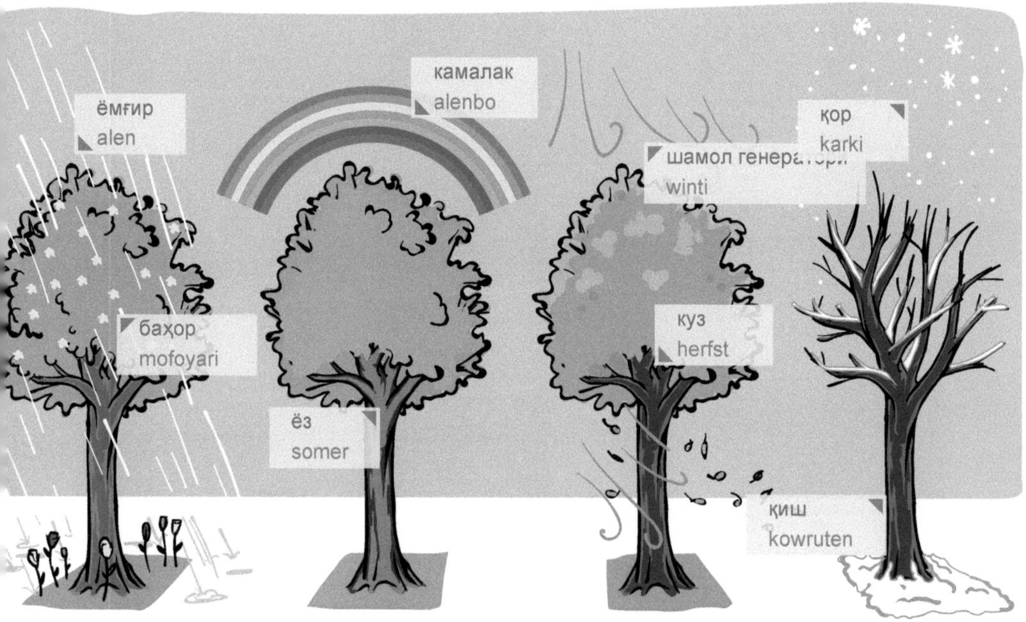

ёмғир
alen
камалак
alenbo
қор
karki
шамол генератори
winti
баҳор
mofoyari
куз
herfst
ёз
somer
қиш
kowruten

4.APRIL 11°
5.APRIL 4°
6.APRIL 13°
7.APRIL 8°
8.APRIL 10°

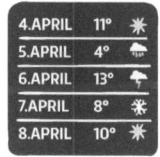

об-ҳаво маълумоти

taki fu a weer

F
C
120
90
60
30
0
-30
40
30
20
10
0
-10
-20

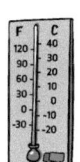

термометр

thermometer

қуёшли

skèin fu a son

булут

wolku

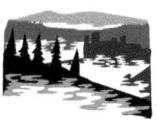

туман

dow

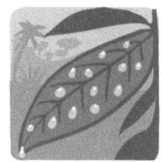

намгарчилик

loktu foktu

чақмоқ
faya

момоқалдироқ
dondru

бўрон
sekiwatra

дўл
agra

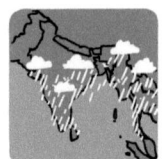
намгарчилик мавсуми
bigi skwala

тошқин
frudu

муз
èisi

Январь
januari

Февраль
februari

Март
maart

Апрель
april

Май
mei

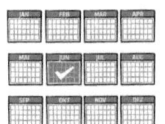
Июнь
juni

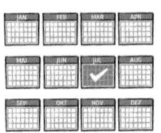
Июль
juli

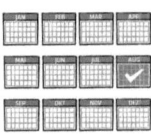
Август
augustus

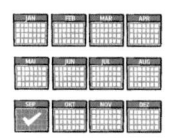

Сентябрь

september

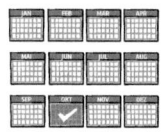

Октябрь

oktober

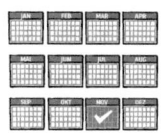

Ноябрь

nofember

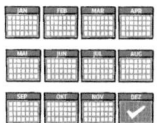

Декабрь

december

шакллар
form

айлана

lontu

квадрат

fokanti

тўртбурчак

fokanti naga langa sei

учбурчак

dri-uku

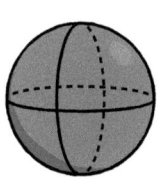

доира

lontu

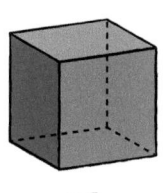

куб

kubus

ранглар
kloru

оқ
witi

сариқ
geri

сабзи ранг
alanya

пушти
ròs

қизил
redi

тўқ қизил
lila

кўк
blaw

яшил
grun

жигар ранг
broin

кул ранг
grei

қора
blaka

қарама-қарши маъноли сўзлар
difrenti

кўп / оз
tumsi / wanwan

ғазабли / хотиржам
atibron / tiri

гўзал / хунук
moi / takru

боши / охири
begin / kba

катта / кичик
bigi / ptyin

ёруғ / қоронғу
lekti / dungru

ака / сингил
brada / sisa

тоза / ифлос
krin / doti

тўлиқ / чала
krinkrin / no bun nofo

кун / тун
dei / neti

ўлик / тирик
dede / libi

кенг / тор
bradi / smara

еса бўладиган / еса бўлмайдиган
kan nyan / no kan nyan

ёвуз / хайрли
takru / bun

ҳаяжонли / зерикарли
prisiri / ferferi

семиз / озғин
fatu / fini

биринчи / охирги
fosi / lasti

дўст / душман
mati / feyanti

тўла / бўш
furu / leigi

қаттиқ / юмшоқ
tranga / safu

оғир / енгил
hebi / lekti

очлик / чанқов
angri / dreineki

касал / соғлом
siki / gesontu

ноқонуний / қонуний
no gi pasi / tru

зиёли / калтафаҳм
koni / don

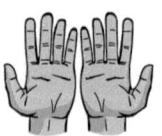

чап / ўнг
kruktu / leti

яқин / узоқ
gi / fara

қарама-қарши маъноли сўзлар - difrenti

янги / ишлатилган

nyun / owru

ҳеч нарса / бир нарса

noti / wan sani

қари / ёш

owru / jongu

ёниқ / ўчиқ

leti / tapu

очиқ / ёпиқ

opo / tapu

паст / баланд

safu / tranga

бой / камбағал

gudu / poti

тўғри / нотўғри

bun / fowtu

нотекис / текис

grofu / grati

хафа / хурсанд

sari / breiti

қисқа / узун

shatu / langa

секин / тез

loli / esi-esi

нам / қуруқ

nati / drei

илиқ / салқин

warang / kowru

уруш / тинчлик

feti / freide

қарама-қарши маъноли сўзлар - difrenti

рақамлар
nomru

0 ноль — noti

1 бир — wan

2 икки — tu

3 уч — dri

4 тўрт — fo

5 беш — feifi

6 олти — siksi

7 етти — seibi

8 саккиз — aiti

9 тўққиз — neigi

10 ўн — tin

11 ўн бир — erfu

12
ўн икки
twarfu

13
ўн уч
tin-na-dri

14
ўн тўрт
tin-na-fo

15
ўн беш
tin-na-feifi

16
ўн олти
tin-na-siksi

17
ўн етти
tin-na-seibi

18
ўн саккиз
tin-na-aiti

19
ўн тўққиз
tin-na-neigi

20
йигирма
twenti

100
юз
hondru

1.000
минг
dusun

1.000.000
миллион
milyun

рақамлар - nomru

тиллар
den tongo

Инглиз
Ingristongo

Америкача инглиз тили
Amerkan Ingristongo

Хитой тилининг Мандарин лаҳчаси
Sneisi Mandarijntongo

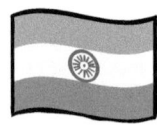

Ҳинд
Hinditongo

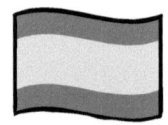

Испан
Spanyoro

Француз
Frans

Араб
Arabiatongo

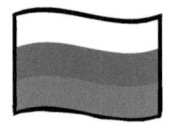

Рус
Rusitongo

Португал
Potogisi

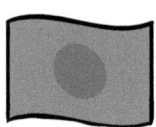

Бенгал
Bengalitongo

Немис
Doisritongo

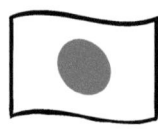

Япон
Japantongo

ким / нима / қандай
suma / sang / fa

Мен
mi

Сен
yu

у / у / у
en / en / en

биз
unu

сизлар
yu

улар
den

ким?
suma?

нима?
san?

қандай?
fa?

қаерда?
pe?

қачон?
oten?

исм
nen

қаерда
pe

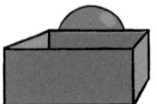

орқада
baka

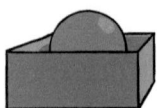

ичида
ini

олдида
fesi

узра
abra

устида
tapu

тагида
ondro

ёнида
na sei

ўртасида
mindri

жой
presi